dass deine träume
wurzeln schlagen

Gedanken und Gebete zu den Jahreszeiten des Lebens

GerthMedien

Verlagsgruppe Random House FSC-DEU-0100
Das für dieses Buch verwendete FSC®-zertifizierte Papier
Artist Silk von Sappi, Ehingen liefert SCP a.s. Ružomberok

© 2011 by Gerth Medien GmbH, Asslar, in der Verlagsgruppe Random House GmbH, München

Konzept: Christoph Zehendner / Manfred Staiger / Heiko Wolf

Die Bibelzitate wurden den folgenden Bibelübersetzungen entnommen:
(LU) = Luther 1984. © Deutsche Bibelgesellschaft, Stuttgart
(Hfa) = Hoffnung für alle. © International Bible Society. Übersetzt und herausgegeben durch:
Brunnen Verlag Basel, Schweiz

Texte: Christoph Zehendner
Musik: Manfred Staiger (außer bei „Alter Baum": Albert Frey)
© 2011 Auf den Punkt, Siegen

Fotos und Zusammenstellung: Heiko Wolf
außer Seiten 16 (links), 18, 19, 23, 25, 28, 30, 38 (links): Gerald Wolf

1. Auflage 2011
Bestell-Nr. 816 623
ISBN 978-3-86591-623-5
Umschlaggestaltung, Satz und Layout: Heiko Wolf, Pretoria (Südafrika)

WENN DU NICHT WÄCHST,
WIRST DU KLEINER.

Jüdisches Sprichwort

Wenn drei kreative Männer um die 50 gemeinsam ein Konzept mit Bildern, Texten und Musik auf die Beine stellen, dann bringen sie dabei ihre eigenen Lebens- und Glaubenserfahrungen ein, ihre reichen Erntezeiten und ihre dürren Jahre. Dann schauen sie dankbar zurück und erwartungsvoll nach vorne auf das, was wuchs, wächst und wachsen wird.

Rund zwei Jahre lang haben wir drei diskutiert, vorgedacht, getextet, komponiert, fotografiert, gestaltet – jetzt können wir Ihnen ein Buch und separat eine CD vorlegen und Sie zu Konzerten einladen (Termine unter www.christoph-zehendner.de). Gut möglich, dass dieses Projekt auch noch in weiteren Formen umgesetzt wird.

Das Buch, das Sie nun in den Händen halten, spricht für sich. Dennoch bildet es eine Einheit mit der gleichnamigen CD. So erleben Sie in diesem Projekt einen

Dreiklang mit Fotos von Heiko Wolf, Musik von Manfred Staiger und Texten von Christoph Zehendner. Wir schätzen uns gegenseitig sehr und sind seit einigen Jahren enge Freunde. Gemeinsam haben wir schon etliche Lieder geschrieben und bebildert, CDs und Bildbände gestaltet und an verschiedenen Konzepten gearbeitet. Die gemeinsamen Gebetskonzerte „In der Stille angekommen" haben uns zu Tourneen und Konzerten in Deutschland, der Schweiz, Südafrika und Namibia geführt. Sehr viele Menschen haben dabei die Früchte unserer Zusammenarbeit erlebt und – hoffentlich in den meisten Fällen – genossen.

Nun erfährt diese Zusammenarbeit mit neuen Liedern und Gebeten für die Jahreszeiten des Lebens eine Fortsetzung. Bilder aus der Natur, Texte zu den verschiedenen Lebensphasen, die in atmosphärisch dichte Musik umgesetzt sind, regen zum Nachdenken an und wollen wertvolle Impulse für den Jahreslauf der Seele geben: Erfrischend Motivierendes („Ganz klein", „Lebensfarben") und nachdenklich Ruhiges („Auf meiner Bank", „Winterschlaf") trifft auf hoffnungsvolle Ausblicke wie „Wink des Himmels" und „Die gute neue Zeit". Unsere Gedanken bündeln sich in dem gesungenen Glaubensbekenntnis „Guter Boden".

Wir hoffen, dass unsere Lieder, Gedanken, Gebete und Bilder im Gottesdienst ihren Platz finden können, als Impuls ein Gespräch anregen oder Ihnen einfach ein ganz persönliches Durchatmen ermöglichen.

Beim Anschauen, Durchlesen, Hören und Erleben wünschen wir Ihnen von Herzen viel Freude und Gottes Segen!

Christoph Zehendner & Manfred Staiger & Heiko Wolf

JAHRESRINGE

Reiche Jahre, gute Zeiten,
Freude, Liebe, Hoffnung, Glück.
Mut und Kraft zum Vorwärtsschreiten.
Dankbar denke ich zurück.

Dürre Jahre, schlechte Zeiten,
Sorgen, Misserfolg und Leid.
Schwer bedrängt von allen Seiten.
Gott sei Dank daraus befreit.

Jahresringe, Lebenszeichen
schreiben die Erfahrung mit,
führen Buch und unterstreichen:
Gott lässt wachsen – Schritt für Schritt.

Jedes Jahr, zu allen Zeiten,
leb ich nicht aus mir allein.
Stetig kann mein Stamm sich weiten.
Gott schenkt Wachsen und Gedeihn.

Jahresringe, Lebenszeichen
schreiben die Erfahrung mit,
führen Buch und unterstreichen:
Gott lässt wachsen – Schritt für Schritt.

GUTER BODEN

Guter Boden, Grund zum Leben.
Hier will ich zu Hause sein,
Schutz und Sicherheit erleben,
wachsen und gedeihn.

Guter Boden, Muttererde,
in die ich verwurzelt bin.
Gut, dass ich hier bleiben werde.
Hier gehör ich hin.

Gott, du bist mir Grund genug,
um mich festzuhalten.
Tief gegründet kann ich mich
voller Kraft entfalten.

13

Guter Boden, Nahrungsquelle.
Was ich brauche, fließt mir zu.
Bin versorgt für alle Fälle,
Lebenskraft schenkst du.

Guter Boden, eng verbunden,
aus der Tiefe lebe ich.
Habe meinen Grund gefunden –
gründe mich auf dich.

Gott, du bist mir Grund genug, um mich festzuhalten.
Tief gegründet kann ich mich voller Kraft entfalten.

LEBENSFARBEN

Frühlingsgrün und Spätherbstgrau,
Winterweiß und Sommerblau.
Farbenfroh und sanft und wild
malt Gott mein Lebensbild.

Grün die milden Frühlingstage.
Vogelstimmen sind zurück.
Hoffnungsvolle Wetterlage.
Knospen platzen fast vor Glück.
Bald wird hier das Leben blühn,
es atmet auf im Grün.

Blau der weite Sommerhimmel.
Goldnes Korn und roter Mohn.
Auf den Wiesen herrscht Gewimmel
und die Grillen zirpen schon.
Heiß der Tag, die Nächte lau,
wir baden in dem Blau.

Frühlingsgrün und Spätherbstgrau,
Winterweiß und Sommerblau.
Farbenfroh und sanft und wild
malt Gott mein Lebensbild.

Grau der Herbst, die Schatten länger.
Ernte ist schon eingebracht.
Nebelschwaden. Einzelgänger schlurfen
grübelnd durch die Nacht.
Stürme wüten, kalt und rau.
Auf uns schweres Grau.

Weiß der Schnee, bedeckt die Erde,
macht vergessen, was einst war.
Dass nun endlich Ruhe werde,
legt er sich aufs alte Jahr.
Die Natur wird starr und leis,
schöpft Kraft im Winterweiß.

Frühlingsgrün und Spätherbstgrau,
Winterweiß und Sommerblau.
Farbenfroh und sanft und wild
malt Gott mein Lebensbild.

Wenn nichts mehr geht, wenn alles ruht,
wärmt selbst ein Strahl der Sonne nicht,
so frostig-kalt das Winterlicht.
Wenn nichts mehr geht, wenn alles ruht.
Ich bin im Winterschlaf erstarrt,
ein Baum, der auf das Frühjahr harrt.
Wenn nichts mehr geht, wenn alles ruht,
leg ich die Hände in den Schoß
und frage: Was ist mit mir los?
Wenn nichts mehr geht, wenn alles ruht,
dann komm ich zu mir. Das tut gut.

WINTERSCHLAF

Wenn alles ruht, wenn nichts mehr geht,
fühl ich mich schlaff und ausgezehrt,
wie leblos, keine Träne wert.
Wenn alles ruht, wenn nichts mehr geht.
Bin wie ein Baumstumpf, morsch und leer.
Ich kann, ich muss, ich will nicht mehr.
Wenn alles ruht, wenn nichts mehr geht,
dann sinn ich über gestern nach.
Mein Eifer, der liegt endlich brach.
Wenn alles ruht, wenn nichts mehr geht.
Dann sprech ich leise ein Gebet.

Die beste Zeit,
einen Baum zu pflanzen,
war vor zwanzig Jahren.
Die nächstbeste Zeit ist jetzt.

Afrikanisches Sprichwort

GANZ KLEIN

Da regt sich etwas in der dunklen Krume.
Unendlich langsam schiebt es sich empor.
Ein Grashalm wohl, vielleicht auch eine Blume.
Ein zarter Keim bricht aus dem Grund hervor.
So klein, dass man ihn erst kaum sehen kann.
Ganz klein fängt das neue Leben an.

Da ist etwas im Mutterleib zu spüren.
Es tritt und strampelt, wie es ihm gefällt.
Kann fühlen, lächeln, schlafen und sich rühren.
Das Wunder kommt schon bald ans Licht der Welt.
So klein, dass man es erst kaum glauben kann.
Ganz klein fängt das neue Leben an.

Da regt sich was in einer Menschenseele.
Ganz zaghaft fängt ein Mensch zu glauben an.
Die Hoffnung füllt sein Herz und seine Kehle.
Ein Samenkorn, ganz winzig, wächst heran.
So klein, dass man es erst kaum glauben kann.
Ganz klein fängt das neue Leben an!

Neues Leben, frisches Grün
dringt hinaus ans Licht.
Neues Leben, es kann blühn,
wie es Gott verspricht.

DASS DEINE TRÄUME
WURZELN SCHLAGEN

Ich wünsch dir, dass du wachsen kannst,
dass deine Träume Wurzeln schlagen,
dass du die Kraft hast, es zu wagen.
Dass deine Sehnsucht Knospen treibt,
dass vieles wächst und manches bleibt.
Ich wünsch dir, dass du wachsen kannst.

Ich wünsch dir, dass du blühen kannst,
in guter Erde festgehalten,
solln deine Gaben sich entfalten.
Lass deine bunten Blüten sehn –
sie sind besonders, einfach schön.
Ich wünsch dir, dass du blühen kannst.

Ich wünsch dir, dass du reifen kannst,
dass deine Zweige Früchte tragen
und kraftvoll in den Himmel ragen.
Dass du ein Mensch wirst mit der Zeit,
der wie ein Baum wächst und gedeiht.
Ich wünsch dir, dass du reifen kannst.

WINK DES HIMMELS

Wenn wir den Wald vor lauter Bäumen nicht mehr sehen,
wenn wir im Nebel ohne Plan im Kreise gehen,
wenn falsche Zeichen uns von unserm Weg ablenken,
kann uns ein Sonnenstrahl von oben Durchblick schenken.

Wenn wir vertrocknet sind und unsre Kräfte schwinden,
wenn wir vergeblich suchen, keine Quelle finden,
wenn wir zu schwach sind, einen Auftrag zu beenden,
kann uns ein Regenguss ganz neue Kräfte spenden.

Wenn dicke Luft herrscht und Konflikte bei uns schwelen,
wenn wir verbohrt sind und uns gegenseitig quälen,
wenn wir blockieren und die Vorurteile pflegen,
kann frischer Wind uns zueinander hin bewegen.

Ein Wink des Himmels
für Erdenbürger,
die offen durch das Leben gehn.
Ein Wink des Himmels
für Erdenbürger,
die dankbar Gottes Gaben sehn.

ERNTEDANK

Liebevoll hast du uns, Herr, geschaffen,
niemand ist den andern Menschen gleich.
Jeder ist besonders einzigartig.
Du, der Schöpfer, du beschenkst uns reich.

Was wir sind und haben,
Gut und Geld und Gaben,
Hände, Füße, Sinne und Verstand,
Fleiß und Fähigkeiten,
reiche Erntezeiten,
schenkt uns deine liebevolle Hand.

Liebevoll schickst du uns Wind und Regen,
Frost und Hitze, Schnee und Sonnenschein.
Unsre Pflänzchen, durch die Jahreszeiten,
können kräftig werden und gedeihn.

Liebevoll lässt du die Früchte wachsen,
unsre Saat reift nach und nach heran.
Wenn die Zeit kommt, feiern wir die Ernte,
freuen uns und stärken uns daran.

Was wir sind und haben,
Gut und Geld und Gaben,
Hände, Füße, Sinne und Verstand,
Fleiß und Fähigkeiten,
reiche Erntezeiten,
schenkt uns deine liebevolle Hand.

*Meine Zeit
steht in deinen Händen.*

Psalm 31,16 (LU)

AUF MEINER BANK

Mein Freund, lass deine Arbeit stehn,
komm, nimm dir Zeit für ein Glas Wein.
Die Welt wird sich schon weiterdrehn,
auch ohne unser Strebsamsein.

Hier sitze ich auf meiner Bank
und lehne mich entspannt zurück.
Ich tue nichts. Denk: Gott sei Dank!
Ich lebe – welch ein Glück.

Bin nicht mehr jung und noch nicht alt,
hab schon so vieles hinter mir.
Bin rumgerannt und hingeknallt
und sitze trotzdem heute hier.
Hab gut zu tun und dennoch Zeit.
Das übe ich geduldig ein.
Lern Schritt für Schritt Besonnenheit,
will eifrig, doch gelassen sein.

Ich übe noch, mein Freund, schon gut,
Ich geb's ja zu, mir fehlt noch viel.
Doch schau, was sich bei mir schon tut:
Ganz langsam wachs ich hin zum Ziel.
Ich hoff, ich werd ein weiser Mann,
voll Gottvertraun und Kindermut,
der tapfer Fehler machen kann,
der lacht und liebt und in sich ruht.

Hier sitze ich auf meiner Bank
und lehne mich entspannt zurück.
Ich tue nichts. Denk: Gott sei Dank!
Ich lebe – welch ein Glück.

WIE VIELE SOMMER

Der Sommer war so weit, so warm.
Ich spür noch Sonne im Gesicht,
halt ein und tanke Sonnenlicht
und wiege mich in seinem Arm.
Mein Auge trinkt vom Himmelblau.
Die Füße spürn den frischen Tau.

Ich lebe gern am Sommertag:
Bin wie ein Baum in vollem Saft,
zieh aus der Tiefe meine Kraft.
So stark, dass ich's kaum glauben mag.
Gut eingepflanzt, gedüngt, gepflegt
und doch auch schon vom Herbst geprägt.

Der Sommer geht, unweigerlich.
Bald heult der Herbst vor meiner Tür.
Nichts hält ihn auf. Ich frage mich:
Wie viele Sommer bleiben mir?

Im Garten herrscht noch reiche Zeit.
Die Früchte reifen prall und süß.
Ein Vorgeschmack aufs Paradies.
Die Zunge kostet Ewigkeit.
Kommt her, greift zu, probiert und esst!
Denn bald ist Herbst – das steht längst fest.
Altweibersommer, Spinnenzeit.
Ich seh, wie sie die Netze spinnt,
ihr Silberfaden schwebt im Wind,
klebt mir im Haar und auf dem Kleid.
Mich fröstelt, langsam wird mir bang.
Die goldne Zeit währt nicht mehr lang.

Der Sommer geht, unweigerlich.
Bald heult der Herbst vor meiner Tür.
Nichts hält ihn auf. Ich frage mich:
Wie viele Sommer bleiben mir?

ALTER BAUM

Manchmal bin ich schwer und ziemlich knorrig,
ein grober Klotz, ein Brocken, knüppelhart.
Ein Albtraum für Laubsägespezialisten,
ein Holzkopf von speziell durchwachsner Art.
Manchmal bin ich leicht wie eine Feder,
wie Balsaholz, ganz weich und makellos.
Bin biegsam und lass mich ganz leicht zersägen
zu Brettern für ein sehr stabiles Floß.

Ich bin ein alter Baum mit vielen Ringen.
Kastanie, Eiche, Pappel – was weiß ich?
Bin treu und standfest und vor allen Dingen –
hab immer ein Stück Feuerholz für dich.

Manchmal wär ich gern ein Mahagoni,
was Ausgefallnes – ich wär mächtig stolz.
Ein Urwaldriese, streng geschützt und kostbar,
doch ich bin nur aus stinknormalem Holz.
Manchmal treibe ich seltsame Blüten,
ein bisschen schräg, ganz ohne jeden Grund.
Die Frühlingssonne lässt die Knospen sprießen,
schön ungewöhnlich, kräftig, kunterbunt.

Komm her, ich schütz dich unter meinen Blättern.
Lehn dich nur an, ich halt dich gerne aus.
Du darfst auch gern auf mir nach oben klettern,
bau dir in meinen Zweigen ruhig ein Haus.
Ich geb's ja zu – ich habe einen Traum:
Ich wäre gern noch lang dein Lieblingsbaum!

Ich bin ein alter Baum mit vielen Ringen.
Kastanie, Eiche, Pappel – was weiß ich?
Bin treu und standfest und vor allen Dingen –
hab immer ein Stück Feuerholz für dich.

DIE GUTE NEUE ZEIT

Nun zeigte mir der Engel den Fluss, in dem das Wasser des Lebens fließt. Er entspringt am Thron Gottes und des Lammes, und sein Wasser ist so klar wie Kristall. An beiden Ufern des Flusses, der neben der großen Straße der Stadt fließt, wachsen Bäume des Lebens. Sie tragen zwölfmal im Jahr Früchte, jeden Monat aufs Neue. Mit den Blättern dieser Bäume werden die Völker geheilt.

Offenbarung 22, 1+2 (Hfa)

Auf dem letzten Blatt der Bibel
herrscht schon gute neue Zeit.
Christus selbst regiert die Menschen,
Frieden blüht in Ewigkeit.
Unsre Tränen sind Geschichte,
unsre Träume endlich wahr.
Fröhlich sitzen wir am Wasser,
an dem Strom, so frisch, so klar.

Wir sehn die Bäume an dem Ufer,
die Lebensbäume, stark und fest.
Sie bringen ständig neue Früchte,
weil Gott sie für uns wachsen lässt.
Ihre Blätter können heilen,
den alten Schmerz, das alte Leid.
Und wir, wir freuen uns wie Kinder
an dieser guten neuen Zeit.

Auf dem letzten Blatt der Bibel
zeigt uns Gott, was einmal wird.
Hilft uns, Zukunft zu erwarten,
zu vertrauen, unbeirrt.
Wenn wir müde sind und kraftlos,
macht uns diese Hoffnung Mut.
Und wir denken an die Bäume,
wissen: Gott macht alles gut.

Wir singen mit der ganzen Schöpfung,
unser Lied erfüllt die Stadt.
Wir singen mit der ganzen Schöpfung,
dem Herrn, der das geschaffen hat:
Heilig, heilig, heilig, heilig!

Christoph Zehendner

ist verheiratet, hat zwei erwachsene Kinder und lebt in Steinenbronn bei Tübingen. Neben seiner Tätigkeit als politischer Hörfunkjournalist beim SWR arbeitet er an Liedtexten und CD-Produktionen und ist zu Konzerten, Musikgottesdiensten und Predigten unterwegs.

Manfred Staiger arbeitet als

leitender Musikredakteur für den Hessischen Rundfunk und als Komponist, Pianist und Produzent für Christoph Zehendner, Manfred Siebald u. a.

Heiko Wolf lebt seit 1992 in

Pretoria (Südafrika). Schwerpunkte seiner Arbeit als Fotograf sind Natur- und Reisefotografie. Durch sein Engagement in der dortigen Gemeinde entstand der Kontakt zu Christoph Zehendner und Manfred Staiger, aus welchem sich über die Jahre eine vielseitige Zusammenarbeit und Freundschaft entwickelt hat.

In der gleichnamigen CD zum Buch erfährt die bewährte Zusammenarbeit von Christoph Zehendner (Texte & Gesang), Manfred Staiger (Musik & Klavier) und Heiko Wolf (Fotos & Gestaltung) mit neuen Liedern und Gebeten für die Jahreszeiten des Lebens eine Fortsetzung.

Bilder aus der Natur, Texte zu den verschiedenen Lebensphasen, die in atmosphärisch dichte Musik umgesetzt sind, regen zum Nachdenken an und geben wertvolle Impulse für den Jahreslauf der Seele. Erfrischend Motivierendes und nachdenklich Ruhiges trifft auf hoffnungsvolle Ausblicke. Insgesamt 12 neue Songs, die gut nachvollziehbar im Gottesdienst Platz finden können, als „Songwriter"-Impuls ein Gespräch anregen oder einfach ein ganz persönliches Durchatmen ermöglichen.

Christoph Zehendner & Manfred Staiger & Heiko Wolf:
Dass deine Träume Wurzeln schlagen
Lieder und Gebete zu den Jahreszeiten des Lebens
CD 939 680

Christoph Zehendner:
Wortweltenwanderer
CD Nr. 939 648

Zehendners Worte wandern durch den Kopf ins Herz, begleitet von mal rockigen, mal sanften Tönen. Bluesige, erdige Musik macht die ehrlichen Texte zu einer bewegenden Reise durch Beobachtungen und Erfahrungen des Theologen. So singt er von einer Begegnung mit Jesus in Kolumbien, von verwahrlosten Kindern in unserer Nachbarschaft, vom Unterwegssein und Ruhe-Finden, vor allem aber von Liebe, Freundschaft und Heimat. Ein Großteil der Lieder ist in Zusammenarbeit mit Albert Frey entstanden, der auch als Produzent der CD verantwortlich zeichnet.

„Eine sehr gute CD, die noch Raum lässt für weitere Entdeckungen, auch nach dem zweiten oder dritten Anhören ... Bei Zehendner weiß man einmal mehr, was man hat."
ekkaleo.de

„Ein eindrucksvoll persönliches Album."
Neues Leben

Sonnenuntergang in der Kalahari, Südafrika

Junger Trieb an einem „Wit Stink"-Baum

Felsenfeigenbaum an einem Granitfelsen, Limpopo, Südafrika

Jahresringe eines Eukalyptusbaums

Kameldornbäume im Hwange-Nationalpark, Zimbabwe

Jahresringe

Spätsommer in der Südpfalz

Wurzelwerk einer Buche

„Guter Boden" - Ackerbau im Taunus

Wasserlilien

Sonnenblumenfeld

Wilde Weinreben

Eichenlaub bei Frost

Ahornbäume, Taunus

Apfelblüte

Marienkäfer

Glockenblume

Herbstliches Ahornblatt

Sprühregen an den Victoriafällen, Zimbabwe

Winterruhe

Winterlandschaft, Taunus

Jahresringe eines alten Baumstamms

Keimlinge in der Wüste

Junger Baum in der Kalahariwüste

Junger Baum in der
Kalahariwüste

Wiesenbocksbartsamen

Mädchen im „Frühling
des Lebens"

Romantik am
Indischen Ozean

Im „Herbst des Lebens"

Morgennebel in der
Dornensavanne

Zimbabwe, Ruinen

Sonnenuntergang,
Namibia

Schüchterndes
Mädchen

Venda-Frau

Silberweide im
Sommersturm

Reiche Traubenernte

Erfrischendes Wasser

Teeplantagen in Venda,
Südafrika

Ruheplatz in den
Weinbergen

Ort der Ruhe in den
Soutpansbergen,
Südafrika

Einsamer Mann am
Bloubergstrand,
Kapstadt

„Katzenschwanz"-Lilie

Vorboten des Herbstes,
Taunus

Baobab-Baum,
Limpopo, Südafrika

Regenwald, Südafrika

Am Chobe-Fluss,
Botswana

Regenbogen über dem
Zambezi, Zambia

Phiphidi-Wasserfälle,
Limpopo, Südafrika

Jacarandablüte in
Pretoria